300 messages d'amitié

300

messages d'amitié

Textes choisis
par Ludovic Pauchant

Introduction

D'un soir, d'une nuit ou d'une vie, de rires ou d'infortune, les amis éclairent d'un sourire ou d'une épaule réconfortante chaque moment de la vie. On les retrouvera autour d'un déjeuner sur l'herbe, acolytes d'un zinc de comptoir alors que la nuit tombe, ou un matin de grand soir, quand l'aube ravit la nuit. Puis, parfois, quand le soir pointe sur les espérances et que la déprime guette.

Trouvera-t-on mieux qu'un ami ? Pas sûr. C'est en tout cas la promesse que font dans ce recueil les Montaigne, Balzac, Molière, Miller, Byron, Aristote, Duras et bien d'autres. Émouvants, philosophes, drôles, piquants et même cruels, comme le sont parfois les amitiés, chacun d'entre eux invite à reprendre le temps de soigner ses compagnons de route, de leur pardonner un peu quand ils offrent beaucoup. On rit si bien de ses chagrins, quand on les partage avec un bon copain...

1

À quoi bon l'amour ou l'amitié,
si **PERSONNE NE LE DIT**,
si personne ne le sait ?

Jacques Deval

2

La sympathie est une passion animale et même une passion égoïste : mais c'est **NOTRE MEILLEURE CHANCE** de nous évader de l'égoïsme.

Georges Duhamel

3

AMITIÉ FAUSSE est pire que fausse monnaie.

Proverbe anglais

4

AMI, NE T'EN VAS PLUS SI LOIN. D'UN PEU D'AIDE J'AI GRAND BESOIN, QUOI QU'IL M'ADVIENNE. JE NE SAIS OÙ VA MON CHEMIN, MAIS JE MARCHE MIEUX QUAND MA MAIN SERRE LA TIENNE.

Alfred de Musset

6

Quand la félicité daigne descendre sur la terre et visiter les mortels, elle cherche, elle ne trouve que le sein d'un ami où elle puisse se reposer. L'amitié se plaît avec deux cœurs unis, appuyés l'un sur l'autre, endormis ensemble dans **UNE PAIX VOLUPTUEUSE**.

Edward Young

7

Attache-toi à ce que chacun a de sympathie, bon, de meilleur, et non à son côté faible. **CHERCHE À DONNER DU PLAISIR**, du bonheur aux autres ; que l'on aime à se trouver avec toi ; l'amabilité est un reflet de l'amour.

Henri-Frédéric Amiel

8

Aucune route n'est longue
AUX CÔTÉS D'UN AMI.
Proverbe japonais

9

Aussi le monde ne lui importait-il presque plus. Il voyait à peine les paysages. Et il n'aurait pas été moins heureux sur le plateau d'Orléans. Car **TROIS COPAINS QUI S'AVANCENT** sur une ligne n'ont besoin de personne ni de la nature ni des dieux.

Jules Romains

10

Avant de pouvoir se lier d'amitié avec quelqu'un d'autre, il faut **ÊTRE AMI AVEC SOI-MÊME**.

Eleanor Roosevelt

11

Avoir **BEAUCOUP D'AMIS**, c'est n'avoir point d'amis.

Aristote

12

Bien des gens qui paraissaient être nos amis ne le sont pas en réalité ; **LE CONTRAIRE EST VRAI AUSSI**.

Démocrite

13

Ce sont mes amis qui m'ont fait **AIMER LA VIE**. Ils me rendent meilleur à mesure que je les trouve meilleurs eux-mêmes.

Jacques Chardonne

14

Buvons, chers amis, buvons : le temps qui fuit nous y convie ; **PROFITONS DE LA VIE** autant que nous pouvons.

Molière

15

Ce n'est pas tant l'intervention de nos amis qui nous aide, mais le fait de savoir que nous pourrons **TOUJOURS COMPTER SUR EUX**.

Épicure

16

C'est dans le malheur qu'on **RECONNAÎT LES AMIS**.

Euripide

17

Ce que nous appelons ordinairement **AMIS ET AMITIÉS**, ce ne sont qu'accointances et familiarités nouées par quelque occasion ou commodité.

Michel de Montaigne

18

Ce qui rend les amitiés indissolubles et double leur charme est un sentiment qui manque à l'amour : **LA CERTITUDE**.

Honoré de Balzac

19

Blâme ton ami en secret ; **VANTE-LE** devant les autres.

Léonard de Vinci

20

DANS LA DOUCEUR DE VOTRE AMITIÉ, QU'IL Y AIT DES RIRES, ET LE PARTAGE DES PLAISIRS.

Khalil Gibran

21

C'EST SOUVENT L'AMITIÉ QUI FAIT NAÎTRE ET QUI NOURRIT ET ENTRETIENT LES PLUS BEAUX SENTIMENTS DE GÉNÉROSITÉ DONT LE CŒUR HUMAIN EST CAPABLE.

Jean Boccace

5

AMITIÉ QUI SE PEUT FINIR NE FUT JAMAIS BIEN COMMENCÉE.

Mellin de Saint-Gelais

22

Ce sont mes amis qui m'ont gardé en vie, qui m'ont donné le courage de poursuivre, et qui m'ont souvent aussi assommé à en pleurer. Le seul point sur lequel j'ai insisté auprès de tous, sans distinction de classe ni de position dans la vie, a toujours été de **POUVOIR PARLER FRANCHEMENT**.

Henry Miller

23

C'est assez facile d'être amical avec des amis. Mais **CRÉER UNE AMITIÉ** avec celui qui se considère comme votre ennemi est la quintessence de la vraie religion.

Gandhi

24

La sympathie est l'un de ces mots avec lesquels on explique tout **SANS RIEN COMPRENDRE**.

Étienne de Jouy

25

Dans la vie, **LE PLUS SÛR DES AMIS**, le premier à vous accueillir, le premier à vous défendre, celui dont le cœur honnête appartient pour toujours à son maître, qui travaille, se bat, vit et respire pour lui tout seul.

George Gordon Byron

26

CHACUN SE DIT AMI ; mais fou qui s'y repose : rien n'est plus commun que ce nom, rien n'est plus rare que la chose.

Jean de La Fontaine

27

HEUREUX DEUX AMIS QUI S'AIMENT ASSEZ POUR (SAVOIR) SE TAIRE ENSEMBLE.

Charles Péguy

28

Dans l'amitié comme dans l'amour **ON EST SOUVENT PLUS HEUREUX** par les choses qu'on ignore que par celles que l'on sait.

François de La Rochefoucauld

29

De toutes les choses humaines, l'amitié est la seule dont l'utilité soit universellement reconnue. [...] les uns foulent aux pieds ce que les autres admirent ; mais sur l'amitié, tous sont d'accord : **LA VIE N'EST RIEN SANS L'AMITIÉ**.

Anne-Claude Ambroise-Rendu

30

La sympathie des âmes est **LE SECRET DE LA NATURE**, il n'appartient pas aux hommes de le pénétrer.

Constance de Théis

31

De mes amis défunts je me souviens sans tristesse ; car quand ils étaient encore en vie, je les possédais comme si je pouvais les perdre ; maintenant qu'ils sont morts, je pense à eux **COMME S'ILS M'ÉTAIENT PRÉSENTS**.

Matteo Ricci

32

En amitié, il y a aussi l'homme dans la vie duquel **ON REGRETTE DE N'ÊTRE RIEN**.

Jules Renard

33

Entre amis, il est si beau que le silence soit d'or, mais **LE RIRE BON ET FRAIS** l'est beaucoup plus encore.

Friedrich Nietzsche

34

Désirer l'amitié est une grande faute. L'amitié doit être **UNE JOIE GRATUITE** comme celle que donne l'art, ou la vie.

Simone Weil

35

En amitié, toutes pensées, tous désirs, toutes attentes naissent sans paroles et se partagent souvent dans **UNE JOIE MUETTE**.

Khalil Gibran

36

Il est bon de **TRAITER L'AMITIÉ** comme les vins et de se méfier des mélanges.

Colette

40

Je ne veux avoir ni amour ni haine ni pitié ni colère. Quant à la sympathie, c'est différent : **JAMAIS ON N'EN A ASSEZ**.

Gustave Flaubert

41

Il est des cas où le premier **DEVOIR DE L'AMITIÉ** est de se taire.

Victor Cherbuliez

42

Il est des moments d'amitié qui ont la grâce de **LA ROSE SANS ÉPINES**.

Henri-Frédéric Amiel

43

IL EST DOUX DE VOIR SES AMIS par goût et par estime ; c'est pénible de les cultiver par intérêt : c'est solliciter.

Jean de La Bruyère

44

Il est sage de verser sur **LES ROUAGES DE L'AMITIÉ** l'huile de la politesse délicate.

Colette

45

Il faut aimer ses amis comme on aime ses enfants, **POUR EUX ET NON POUR SOI**. Le moi cause les malheurs et les chagrins.

Honoré de Balzac

“

46

IL FAUT SE CONDUIRE AVEC SES AMIS COMME ON VOUDRAIT LES VOIR SE CONDUIRE AVEC SOI.

Aristote

”

47

IL N'Y A PAS DE MEILLEUR MIROIR QU'UN AMI VÉRITABLE.

Proverbe japonais

48

IL NE FAUT JAMAIS JUGER LES GENS
sur leurs fréquentations :
Judas, par exemple, avait
des amis irréprochables.

Paul Verlaine

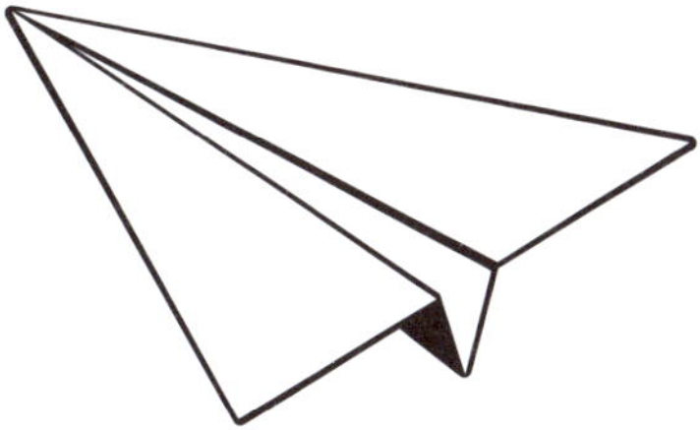

49

Il ne faut pas **PROFITER DE SES AMIS**. Ils sont déjà gentils de nous endurer.

Jean-Claude Clari

50

Il ne faut pas rincer **LA COUPE DE L'AMITIÉ** avec du vinaigre.

Proverbe arabe

51

Il n'y a pas de plaisir comparable à celui de **RENCONTRER UN VIEIL AMI**, excepté peut-être celui d'en faire un nouveau.

Rudyard Kipling

52

Il n'y a point de véritable amitié sans **UNE CONFIANCE ENTIÈRE**.

Félicité de Genlis

53

Il n'y a rien pour **FAIRE NAÎTRE L'AMITIÉ** que de rompre le silence ensemble.

Claire de Lamirande

54

Il vaut mieux savoir **CONSERVER SES AMIS** que ses biens.

Baltasar Gracián y Morales

55

IL Y A DES AMITIÉS D'ESPRIT QUI FINISSENT EN AMITIÉS DE CŒUR.

Henri de Régnier

56

J'ai renoncé à **L'AMITIÉ DE DEUX HOMMES**, l'un parce qu'il ne m'a jamais parlé de lui, l'autre parce qu'il ne m'a jamais parlé de moi.

Nicolas de Chamfort

57

L'AMITIÉ S'ENRICHIT des pertes de l'amour.

Proverbe français

58

J'ai toujours près de moi six fidèles amis. C'est à eux que je dois **TOUT CE QUE J'AI APPRIS**. Leurs noms sont Quand, Où, Quoi, Comment et Qui.

Rudyard Kipling

59

J'AI UN COPAIN qui a une situation formidable. Il a cinq mille personnes en dessous de lui ! Il tond le gazon dans un cimetière...

Pierre Doris

60

Je crois à l'amitié comme je crois au soleil qui m'éclaire : je jouis de la lumière de l'un et de la chaleur de l'autre, mais sans prétendre les retenir en dépit de la nature et d'elles-mêmes. **J'Y CROIS**, mais je crois aussi aux éclipses, et je suis sûr que décembre viendra.

Charles Des Guerrois

61

JE N'AI D'AMIS QUE CELLES OU CEUX QUI S'OUBLIENT EN PARLANT. **ILS PENSENT À NU**.

Pascal Quignard

62

Je crois [...] que l'amitié, comme l'amour dont elle participe, demande presque autant d'art qu'une figure de danse réussie. **IL Y FAUT BEAUCOUP D'ÉLAN** et beaucoup de retenue, beaucoup d'échanges et de paroles et beaucoup de silences.

Marguerite Duras

63

Je prendrai, dans les yeux d'un ami, ce qu'il a de plus chaud, de plus beau et de plus tendre aussi. Qu'on ne voit que deux ou trois fois durant toute une vie et qui fait que **CET AMI EST VOTRE AMI**...

Jacques Brel

64

Je préfère **MARCHER AVEC UN AMI** dans l'obscurité, que seule dans la lumière.

Helen Keller

65

L'amitié nous permet d'être laids, d'être vieux, de manquer de goût et de tournure : **GÉNÉREUSE AMITIÉ** !

Anne Barratin

66

L'amitié s'enrichit de tout ce qu'**ELLE DONNE**.

Proverbe français

67

L'une des plus belles et merveilleuses qualités de **L'AMITIÉ VÉRITABLE** est de comprendre et d'être compris.

Sénèque

68

LA CARACTÉRISTIQUE PRINCIPALE d'un ami est sa capacité à vous décevoir.

Pierre Desproges

69

LA COMPLAISANCE FAIT LES AMIS, la vérité engendre la haine.

Térence

“

70

LA GRANDE AMITIÉ N’EST JAMAIS TRANQUILLE.

Madame de Sévigné

”

71

LA SEULE AMITIÉ QUI VAILLE EST CELLE QUI NAÎT SANS RAISON.

Arthur van Schendel

72

LA PLUPART DES AMIS dégoûtent de l'amitié et la plupart des dévots dégoûtent de la dévotion.

François de La Rochefoucauld

73

La première loi de l'amitié est qu'**ELLE DOIT ÊTRE CULTIVÉE**, la seconde loi est d'être indulgent quand la première a été négligée.

Voltaire

74

La raison est le **FLAMBEAU DE L'AMITIÉ** ; le jugement en est le guide ; la tendresse en est l'aliment.

Louis Joseph Mabire

75

L'AMITIÉ NE CONNAÎT NI FEINTE NI DÉGUISEMENT, TOUT Y EST SINCÈRE, TOUT PART DU CŒUR.

Proverbe français

76

LA VÉRITABLE AMITIÉ admet peu la pluralité.

Proverbe français

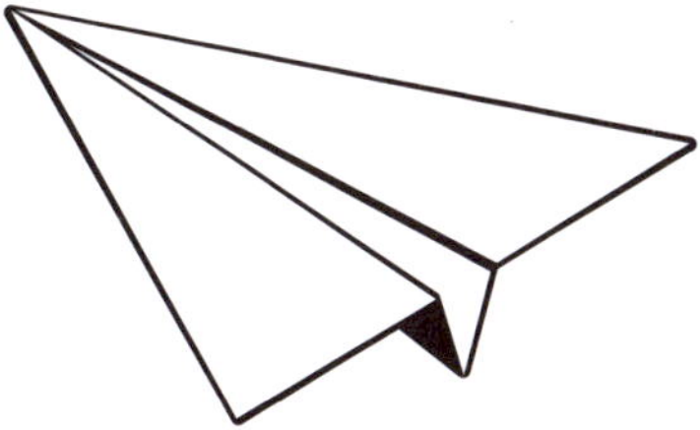

77

La relation sans l'amitié, l'amitié sans le pouvoir, le pouvoir sans la volonté, la volonté sans l'action, l'action sans le profit, le profit sans la vertu **NE VALENT PAS UN SOU**.

Benjamin Franklin

78

La souffrance est notre plus fidèle amie : **ELLE REVIENT TOUJOURS**. Souvent elle change de robe, et même de figure ; mais nous la reconnaissons aisément à son étreinte cordiale et intime.

Carmen Sylva (Élisabeth de Wied)

79

La véritable amitié est comme la **BONNE SANTÉ**, la valeur de celle-ci est rarement connue jusqu'à ce qu'elle soit perdue.

Charles Caleb Colton

80

La véritable amitié est comme le **VRAI GÉNIE**, elle ne visite que les grandes âmes.

Alfred Auguste Pilavoine

81

La **VÉRITABLE AMITIÉ EST OPULENTE**, les avares ne connaissent point un si noble sentiment.

Anne-Thérèse de Marguenat de Courcelles

82

LA VÉRITABLE AMITIÉ NE GÈLE PAS EN HIVER.

Proverbe allemand

83

La véritable amitié ne se donne point au hasard, elle est le fruit de l'estime. **ELLE NE S'AFFAIBLIT JAMAIS** ni par le temps ni par l'absence.

Charles Rollin

84

La véritable amitié sait être **LUCIDE QUAND IL FAUT**, aveugle quand elle doit.

Francis Blanche

85

La vraie amitié **N'A PAS BESOIN DE MOTS** pour venir en aide à l'autre.

Alice Parizeau

86

La vraie amitié n'est point impérieuse ; c'est une liaison libre et délicieuse, dont le cœur et l'esprit, la raison et le temps ont ensemble formé **LES NŒUDS TOUJOURS CHARMANTS** ; et sa chaîne, au besoin, plus souple et plus liante, doit prêter de concert, sans qu'on la violente.

Pierre-Claude Nivelle de La Chaussée

87

La vraie amitié se mesure encore moins **AUX JOIES QU'ELLE NOUS DONNE** qu'aux chagrins qu'elle nous évite.

Jean-Napoléon Vernier

88

L'AMITIÉ : UN BEAU NOM QU'ON CHANGE QUAND IL GÊNE.

Pétrone

89

L'ami s'identifie à son ami ; ses peines ou ses plaisirs lui sont personnels, et c'est en cela même que sont **LA VÉRITÉ ET LE CHARME** de l'amitié.

Charles-Jean Baptiste Bonnin

90

L'amitié **A LES QUALITÉS D'UN FLEUVE** qui contourne les rochers, s'adapte aux vallées et aux montagnes, se transforme parfois en lac jusqu'à ce que la dépression soit remplie et qu'il puisse poursuivre son chemin.

Paulo Coelho

91

Le nom d'ami est assez commun, mais **L'AMITIÉ FIDÈLE EST BIEN RARE**.

Proverbe grec

92

L'amitié adoucit **LES HUMEURS FAROUCHES**, elle rabaisse les glorieux, et les remet à leur place.

Anne-Thérèse de Marguenat de Courcelles

93

L'amitié conserve toujours **UNE LARME POUR L'AMITIÉ** ; l'amour ne conserve le plus souvent à l'amour que du mépris.

Édouard Bricon

94

L'AMITIÉ DOUBLE LES JOIES ET RÉDUIT DE MOITIÉ LES PEINES.

Francis Bacon

95

L'AMITIÉ DU CŒUR EST LA FOI, C'EST UN AUTRE QUI DEVIENT MOI.

Louis Belmontet

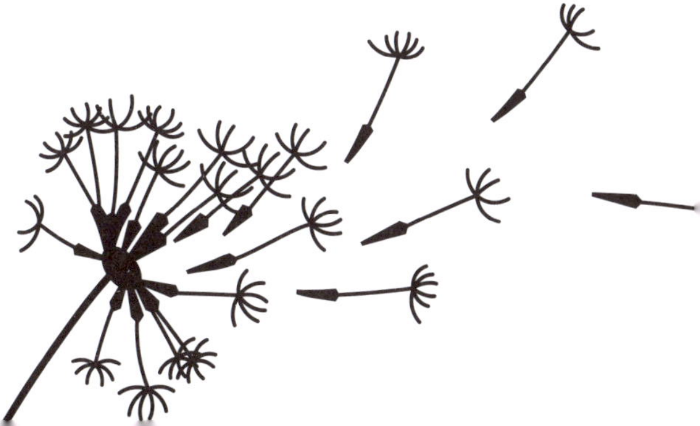

96

L'amitié consiste à nous faire **SUPPORTER LES DÉFAUTS DE NOS AMIS**, et non pas à nous les faire ignorer.

Hyacinthe de Charencey

97

L'amitié couvre la vie du plus doux ombrage, elle ressemble à ces arbres toujours verts qui portent **À LA FOIS DES FLEURS ET DES FRUITS**.

Jacques-Henri Bernardin de Saint-Pierre

98

L'amitié diminue **LORSQU'IL Y A TROP DE BONHEUR** d'un côté et trop de malheur de l'autre.

Carmen Sylva (Élisabeth de Wied)

99

L'amitié demande **UN PEU PLUS DE MYSTÈRE** et c'est assurément en profaner le nom que de vouloir le mettre à toute occasion.

Molière

100

L'amitié donne **SON LUSTRE À LA PROSPÉRITÉ**, et soulage en partageant les fardeaux de l'adversité.

Cicéron

101

L'amitié entre un homme et une femme, ça n'a pas cours, **C'EST DE LA FAUSSE MONNAIE** !

Henri Jeanson

102

L'AMITIÉ N'EST POINT UNE INCLINATION AVEUGLE, C'EST UN SENTIMENT ÉCLAIRÉ.

Louis-Silvestre de Sacy

103

L'amitié embellit les jours mauvais, **CHARME LES ENNUIS**, et évite les écueils de la si courte mais si périlleuse traversée de la vie.

Auguste Guyard

104

L'AMITIÉ EST À L'ESTIME ce qu'une fleur est à la tige qui la soutient.

Joseph Droz

105

L'amitié est beaucoup plus tragique que l'amour. **ELLE DURE PLUS LONGTEMPS**.

Oscar Wilde

106

L'AMITIÉ EST COMME LES VIEUX TITRES, LA DATE LA REND PRÉCIEUSE.

Antoine-Jean Cassé de Saint-Prosper

107

L'amitié est bien plus exigeante que l'amour et l'idée que nos amis se font de nous, nous prive de combien de **FAIBLESSES DÉLICIEUSES**.

Claire Martin

108

L'amitié est faite pour le sage, les âmes viles et corrompues n'y ont aucun droit. L'homme puissant a des esclaves, l'homme riche a des flatteurs, l'homme de génie a des admirateurs, **LE SAGE SEUL A DES AMIS**.

Antoine Léonard Thomas

109

Que l'amitié **NE T'AVEUGLE PAS** sur les défauts de tes amis, ni ta haine sur ceux de tes ennemis.

Proverbe chinois

110

L'amitié est familière et **VEUT SOURIRE** et s'égayer ; elle va aux visages épanouis, aux cœurs ouverts et se refuse aux âmes sombres et repliées.

Anatole France

111

L'amitié est la plus sévère **ÉCOLE DE LA VÉRITÉ**, elle n'admet ni le mensonge ni la trahison.

Félicité de Genlis

112

L'AMITIÉ EST L'AMOUR
QUI A PERDU SES AILES.

George Gordon Byron

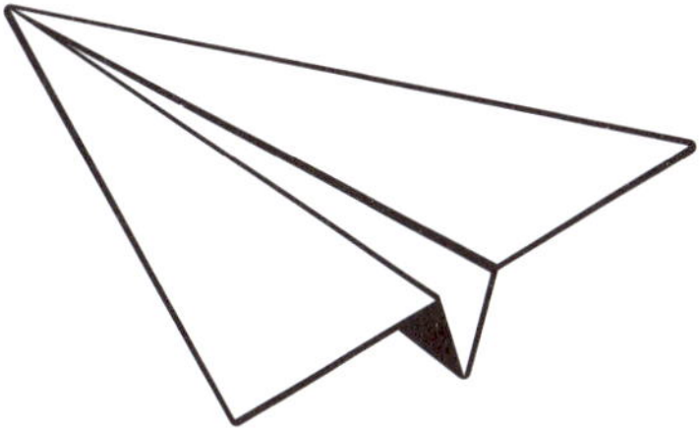

113

L'AMITIÉ EST L'ATTACHEMENT DE L'ÂME POUR L'ÂME, FONDÉ SUR LES QUALITÉS DE L'ESPRIT ET DU CŒUR.

Édouard Alletz

114

L'amitié est le **LIEN DE LA SOCIÉTÉ LE PLUS DOUX** ; ce n'est pas vivre que de vivre sans amis.

Charles Rollin

115

L'amitié est le nectar de la vie ! Mais pour **ÊTRE PARFAIT** il faut aussi que les années ajoutent à sa qualité : l'amitié nouvelle n'a ni force ni douceur.

Edward Young

116

L'amitié est **LE PLUS DOUX ASSAISONNEMENT** de tous les biens.

Francis Bacon

117

L'AMITIÉ EST LENTE À MÛRIR, ET LA VIE SI RAPIDE. L'AMITIÉ EST UNE FLEUR QUE LE VENT COUCHE ET TROP SOUVENT DÉRACINE.

Eugène Cloutier

118

L'amitié est si jalouse et **SI DÉLICATE** qu'un atome qui s'y mêle la blesse.

Fénelon

119

L'amitié est rare, parce que peu de personnes soutiennent l'épreuve d'**UNE LONGUE INTIMITÉ**.

Paul Thiébault

120

L'amitié est réputée pour être **L'ÉPREUVE LA PLUS RIGOUREUSE** pour la personnalité.

Charles Alexander Eastman

121

Les serments de l'amour prouvent son inconstance, **L'AMITIÉ N'EN PRONONCE PAS**.

Proverbe français

122

L'AMITIÉ EST SOUPÇONNEUSE, et ce défaut lui fait honneur.

Joseph de Maistre

123

L'amitié est toujours **UNE DOUCE RESPONSABILITÉ**, jamais une opportunité.

Khalil Gibran

124

L'amitié est un accord parfait sur les choses divines et humaines, accompagné de bienveillance et d'amour ; et sans doute, de tous les dons que Dieu a faits aux hommes, **LE MEILLEUR APRÈS LA SAGESSE EST L'AMITIÉ**.

Anne-Claude Ambroise-Rendu

125

L'amitié est un amour où **LA GUERRE ET LA HAINE SONT PROSCRITES**, où le silence est possible.

Tahar Ben Jelloun

126

L'amitié est un contrat par lequel **NOUS NOUS ENGAGEONS** à rendre de petits services à quelqu'un afin qu'il nous en rende des grands.

Charles de Montesquieu

127

L'amitié est un nuage transparent derrière lequel l'amour se lève **DANS LE CŒUR DES FEMMES**.

Auguste Guyard

128

L'AMITIÉ EST UN **SENTIMENT AUSSI MYSTÉRIEUX** QUE L'AMOUR.

Jean Dutourd

129

L'AMITIÉ EST UNE ÂME EN DEUX CORPS.

Aristote

130

L'AMITIÉ EST UN PARAPLUIE qui a le défaut de se retourner quand il fait mauvais temps.

Pierre Véron

131

L'amitié est une émanation de l'âme. **C'EST EN QUELQUE CHOSE QU'ON SENT**. On ne la donne pas en échange d'un autre don.

Graham Greene

132

L'amitié est **UNE FORME D'ÉGALITÉ** comparable à la justice. Chacun rend à l'autre des bienfaits semblables à ceux qu'il a reçus.

Aristote

133

L'amitié est une force dont nul ne peut prétendre pouvoir se passer. On a besoin d'amis, comme on a besoin de manger, de boire ou de dormir. **L'AMITIÉ, C'EST UN PEU LA NOURRITURE DE L'ÂME** : elle ravitaille le cœur, elle sustente l'esprit, elle nous comble de joie, d'espoir et de paix. Elle est la richesse d'une vie. Et le gage d'une certaine idée du bonheur.

Barbara Abel

134

L'amitié est **UNE HEUREUSE RENCONTRE**, et non un bonheur commun dans nos mœurs, elle demande trop de qualités, et trop d'accords dans les qualités.

Pierre Louis de Lacretelle

“

135

L’AMITIÉ FINIT PARFOIS EN AMOUR, MAIS RAREMENT L’AMOUR EN AMITIÉ.

Charles Caleb Colton

”

136

L'amitié est une **ÎLE D'ÉTHIQUE** dans un monde sans morale où tous sont en guerre contre tous.

Francesco Alberoni

137

L'amitié est **UNE MONNAIE DE BON ALOI** que de faux-monnayeurs mettent en circulation après l'avoir altérée.

Adolphe d'Houdetot

138

L'amitié est une passion qui transforme **DEUX VOLONTÉS EN UNE**, et fait vivre deux êtres de la même vie et de la même âme.

Antoine Léonard Thomas

139

L'AMITIÉ EST UNE RELIGION sans Dieu ni jugement dernier. Sans diable non plus. Une religion qui n'est pas étrangère à l'amour.

Tahar Ben Jelloun

140

L'amitié est, dit-on, **FILLE DU CIEL** : voilà sans doute pourquoi on la rencontre si rarement sur la terre.

Edme-Pierre Chauvot de Beauchêne

141

L'amitié fait **LE TOUR DU MONDE** et nous convie tous à nous réveiller pour la vie heureuse.

Épicure

142

L'amitié est **UNE HARMONIE ENTRE DEUX ÊTRES** qui ont les mêmes besoins. Elle est plus forte dans l'âge des passions que dans le premier âge ; elle est plus constante dans l'âge viril que dans l'adolescence et la jeunesse, parce qu'à la perspective des services à rendre, se joint le souvenir des services rendus, et que les sentiments de la nature se fortifient par leurs habitudes.

Jacques-Henri Bernardin de Saint-Pierre

143

Les plus fidèles compagnons de l'amitié sont **LA FRANCHISE ET LA SINCÉRITÉ**.

Proverbe mauritanien

111

L'AMITIÉ FORTE ET DOUCE EST UN ROC SOUS LA MOUSSE.

Henri-Frédéric Amiel

145

L'amitié honore au moins autant celui qui l'éprouve que **CELUI QUI L'INSPIRE**.

Cécile Fée

146

L'amitié **LA MIEUX FONDÉE** ne subsiste que par une mutuelle indulgence.

Stanislas Leszczynski

147

L'amitié n'a de sens que si elle prête à **SE PROUVER PAR UN SACRIFICE**.

Sully Prudhomme

148

L'amitié n'admet point d'**ÉGAREMENT COUPABLE**, on n'est point ami si l'on n'est raisonnable.

Proverbe français

149

L'amitié n'aime que **CE QU'ELLE COMPREND** ; l'amour peut aimer ce qu'il ne comprend pas.

Anne Barratin

150

L'amitié n'est pas **UNE SIMPLE FORMULE**, c'est le devoir d'assistance dans la peine.

Albert Camus

151

L'amitié naît par les relations de plaisirs et de goûts. Elle s'étend ensuite aux besoins intellectuels, et s'augmente par les lumières ; enfin elle devient vertu, parce qu'elle demande des sacrifices, de la reconnaissance et de l'indulgence, et qu'elle n'est constante et sublime que quand elle s'appuie sur les sentiments, **DES SENTIMENTS QUI NE VARIENT JAMAIS**.

Jacques-Henri Bernardin de Saint-Pierre

152

L'amitié n'est jamais importune, **ELLE REND LES PROSPÉRITÉS PLUS COMPLÈTES** et les malheurs plus supportables.

Louis-Philippe de Ségur

153

L'AMITIÉ NE MEURT JAMAIS DANS UN BON CŒUR.

Pierre-Claude-Victor Boiste

154

L'AMITIÉ NE PRODUIT JAMAIS DE BONS FRUITS SANS LA RÉCIPROCITÉ.

Philip Dormer Stanhope

155

L'amitié ne consiste pas dans ces démonstrations excessives, dans cette ardeur effrénée qui n'appartiennent qu'à l'amour. **C'EST UN FEU DOUX**, mais toujours égal, qui nous échauffe sans nous consumer.

Denis Diderot

156

L'amitié ne rend pas le malheur plus léger, mais en se faisant présence et dévouement, elle permet d'en **PARTAGER LE POIDS**, et ouvre les portes de l'apaisement.

Tahar Ben Jelloun

157

L'amitié **PEUT SE PASSER** longtemps de preuves.

Jules Renard

158

L'amitié n'est que l'égoïsme des **GENS DE CŒUR**.

Gustave Flaubert

159

L'amitié n'était-elle pas une **FORME DE LA MUSIQUE** ?

Erik Orsenna

160

L'AMITIÉ ENTRE UNE FEMME ET UN HOMME S'ARRÊTE AU SEUIL DE LA CHAMBRE.

Grégoire Lacroix

161

L'amitié nous donne la chance de désherber notre jardin intérieur, ou de **FAIRE FLEURIR** notre propre désert.

Jacqueline Kelen

162

L'amitié peut avoir **UN DOUX CRÉPUSCULE** ; l'amour ne connaît que le jour ou la nuit.

Anne Barratin

163

L'amitié qui se lit sur les visages et dans les gestes devient comme **UNE PRAIRIE DESSINÉE** par un rêve dans une longue nuit de solitude.

Tahar Ben Jelloun

164

L'amitié sur l'amour a cette préférence : elle ne prend jamais ce vol impétueux, cet essor de l'amour vif et tumultueux ; ce n'est point un éclair, de qui les traits de flamme répandent le désordre et l'espoir dans notre âme ; qui fait, par son ivresse, oublier les vertus ; dont les fers sont brisés, dès qu'ils ne blessent plus. **L'AMITIÉ NOUS UNIT PAR UN NŒUD PLUS AIMABLE** : rien n'en peut altérer la source respectable.

Claude-Henri de Fusée de Voisenon

165

L'amitié sans confiance, c'est une fleur **SANS PARFUM**.

Laure Conan

166

L'AMITIÉ SEULE VÉRITABLE EST **L'HISTOIRE DE NOTRE CŒUR**, ET L'AMOUR N'EN EST QUE LA FABLE.

Charles Ier

167

L'amitié **SUPPOSE LA CONFIANCE**, la mise en commun des idées, des souvenirs et des espérances.

André Maurois

168

L'amitié totale est universelle. Et seule **L'AMITIÉ UNIVERSELLE** peut être une amitié totale. Tout lien particulier manque de profondeur, s'il n'est ouvert à l'amitié universelle. Le lien le plus total, qui est aussi le plus universel, est le seul à combler le désir infini.

Jean Guitton

169

L'amitié toujours prête à **DÉFENDRE LES AMIS** a pour principe de ne pas prendre parti.

Louise de Vilmorin

170

L'amitié trouve **LES HOMMES SEMBLABLES**, ou elle les fait tels.

Laurent Bordelon

171

L'amitié trouve ou fait des égaux ; **LE TEMPS CONFIRME L'AMITIÉ**.

Henri Lacordaire

172

L'amitié, ce n'est pas d'être avec ses amis quand ils ont raison, c'est d'être avec eux **MÊME QUAND ILS ONT TORT**.

André Malraux

173

L'amitié, **C'EST L'AMOUR SANS AILES**. C'est moins exaltant peut-être, mais tellement plus solide.

Juliette Benzoni

174

L'amitié, **C'EST LE RESPECT**, l'acceptation totale d'un autre être.

Marguerite Yourcenar

175

L'amitié, cette douce union des cœurs, ne peut être véritable et solide que quand elle a pour fondement l'honneur et la vertu. La vertu qui attache est **UNE CHAÎNE QUE RIEN NE PEUT ROMPRE**. Faites-vous donc une maxime inviolable de ne choisir pour amis que des gens de bien, car il n'y a point d'autres vrais amis, et ces amis précieux ne sont que pour ceux qui leur ressemblent.

Jean-Baptiste Blanchard

176

L'AMITIÉ, LA CONFIANCE, LA SYMPATHIE ne peuvent naître entre ceux qui ne se comprennent point.

Jovette Marchessault

“

177

L'AMOUR EST À LA PORTÉE DE TOUS, MAIS L'AMITIÉ EST L'ÉPREUVE DU CŒUR.

Sophie Lalive de Bellegarde

”

178

L'amour est aveugle. **L'AMITIÉ FERME LES YEUX**.

Otto von Bismarck

179

L'amour fraternel c'est l'amitié du sang. **NÉE AU BERCEAU**, cette affection croît et se développe sous le toit paternel, au milieu des jeux et des ris folâtres, mûrit au sein des mêmes études et des mêmes travaux, et vit encore au milieu du monde bien que les frères et les sœurs se trouvent séparés dans des conditions différentes.

Marie-Louis Auguste de Martin du Tyrac

180

L'amour est comme **L'ÉGLANTINE SAUVAGE**, l'amitié est comme le houx, le houx est sombre lorsque l'églantine est en fleur, mais lequel fleurit avec le plus de constance ?

Emily Brontë

181

L'amour ressemble à un torrent impétueux qui entraîne tout dans son cours rapide, mais il perd de sa force à mesure qu'il s'étend. L'amitié ressemble à **UN FLEUVE MAJESTUEUX** roulant ses eaux dans une riche plaine, et prenant sans cesse de nouveaux accroissements.

Jean-Claude Delamétherie

182

L'AMOUR PEUT SE PASSER D'ESTIME, PAS L'AMITIÉ.

Arletty

183

L'amour sait mieux offrir, l'amitié **SAIT MIEUX DONNER**.

Anne Barratin

184

L'attachement peut se passer de retour, jamais l'amitié. **ELLE EST UN ÉCHANGE**, un contrat comme les autres ; mais elle est le plus saint de tous. Le mot d'ami n'a point d'autre corrélatif que lui-même. Tout homme qui n'est pas l'ami de son ami est très sûrement un fourbe ; car ce n'est qu'en rendant ou feignant de rendre l'amitié qu'on peut l'obtenir.

Jean-Jacques Rousseau

185

Le bonheur d'un ami nous enchante. Il nous ajoute. **IL N'ÔTE RIEN**. Si l'amitié s'en offense, elle n'est pas.

Jean Cocteau

186

LE BONHEUR EST EN NOUS, puisque en amitié comme en amour on jouit surtout de ce que l'on donne.

Marie Valyère

187

Le fil qui unit deux amis est tellement ténu qu'on ne peut jamais **LE RAFISTOLER** lorsqu'il est coupé.

Jean-Jacques Sempé

188

LE MOT D'AMITIÉ n'est aujourd'hui hélas qu'un mot vide de sens : on s'en sert indifféremment vis-à-vis de tout le monde ; le nom d'ami est donné même à celui qu'on aime le moins, enfin le mot d'amitié ne paraît plus être, depuis quelque temps, qu'une espèce d'ironie, qu'un vrai persifflage, dans la bouche de ceux qui s'en servent.

David Augustin de Brueys

189

Le plus bel âge de l'amitié est **LA VIEILLESSE**.

Proverbe français

190

LE RIRE ET LE PLAISIR SONT LES FRUITS DE L'AMITIÉ.

Edward Young

191

Le principal ennemi de l'amitié, ce n'est pas l'amour. **C'EST L'AMBITION**.

Philippe Soupault

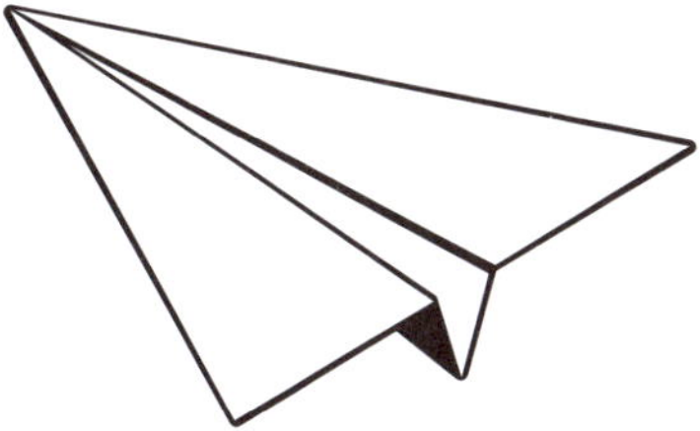

192

Le premier devoir de l'amitié n'est point de donner de stériles regrets à l'ami disparu, mais de **GARDER LA MÉMOIRE** de ses volontés et d'exécuter ses recommandations.

Tacite

193

Le rôle d'un ami, c'est de **SE TROUVER À VOTRE CÔTÉ** quand vous êtes dans l'erreur puisque tout le monde sera à côté de vous quand vous aurez raison.

Mark Twain

194

Le sort fait les parents, **LE CHOIX FAIT LES AMIS**.

Jacques Delille

195

Le temps est **LE MEILLEUR BÂTISSEUR DE L'AMITIÉ**. Il est aussi son témoin et sa conscience. Les chemins se séparent, puis se croisent.

Tahar Ben Jelloun

196

LE ZÈLE DES AMIS est parfois plus néfaste que la haine des ennemis.

Johann Christoph Friedrich von Schiller

197

Les amis font plus de mal que les ennemis, parce qu'**ON NE S'EN MÉFIE POINT**.

Démonax

198

Les amis ne se choisissent pas. **CE SONT EUX QUI VOUS CHOISISSENT**. Ou on les repousse, ou on les accepte sans réserve.

Arturo Perez-Reverte

199

Les amis ne sont rien d'autre que les ennemis avec lesquels **NOUS AVONS CONCLU UN ARMISTICE**, qui n'est pas toujours honnêtement observé.

Giovanni Papini

200

Les amis sont **CES GENS RARES** qui demandent de vos nouvelles et attendent d'avoir la réponse.

Ed Cunningham

201

LES AMIS SONT COMME LES CORDES DE VIOLON : IL NE FAUT PAS TROP LES TENDRE.

Proverbe anglais

202

LES AMIS SONT LÀ COMME UN REMPART SOLIDE ET INFAILLIBLE CONTRE LES DÉMONS DE LA VIE.

William Sydney Smith

203

Les amis sont les êtres qui vous aident à **ÊTRE VOUS-MÊME** et à devenir la personne que vous devriez être.

Merle Shain

204

Les amitiés se mesurent au **VIDE QU'ELLES COMBLENT** ou au vide qu'elles laissent après elles.

Jean-Napoléon Vernier

205

Les animaux sont **DES AMIS TELLEMENT AGRÉABLES** – ils ne posent jamais de questions, ils ne font aucune critique.

George Eliot (Mary Ann Evans)

206

LES FEMMES PRENNENT SOUVENT LE CHEMIN DE L'AMITIÉ DANS L'ESPOIR D'Y **RENCONTRER L'AMOUR**.

Anne Barratin

207

LES MEILLEURS AMIS T'AIMENT POUR CE QUE TU ES ET NON POUR CE QU'ILS VEULENT QUE TU SOIS.

Ted Rall

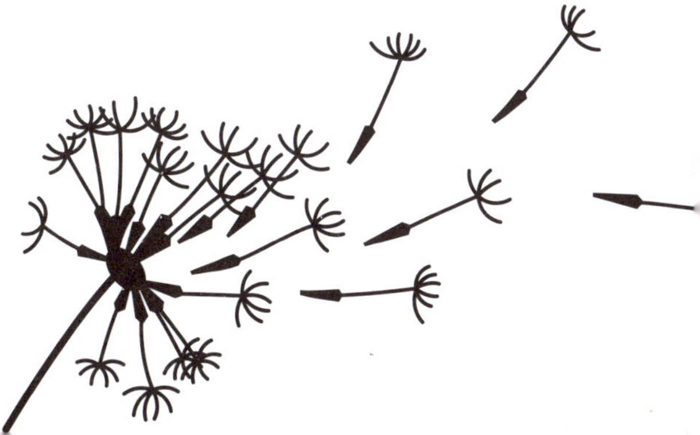

208

Les faux amis sont **SEMBLABLES AUX HIRONDELLES** qui arrivent au printemps, et qui s'en vont dès que le froid de l'hiver se montre.

Axel Oxenstierna

209

Les peines qu'éprouvent nos amis **NOUS AFFECTENT DAVANTAGE** que celles que nous éprouvons.

Philippe Soupault

210

Les seuls amis dignes d'intérêt sont **CEUX QUE L'ON PEUT APPELER** à quatre heures du matin.

Marlene Dietrich

211

Les lettres qu'on écrit à ses amis puis qu'on décide, à la réflexion, de ne pas poster **SONT PEUT-ÊTRE PLUS INTÉRESSANTES** que celles qu'on envoie.

Alain de Botton

212

Les nœuds sacrés de **LA VRAIE AMITIÉ** se forment bien plus facilement sous un humble toit et dans les cabanes des bergers que dans les palais des rois.

L'Arioste

213

Les souvenirs sont plus fidèles que les amis et les amants : **ILS REVIENNENT NOUS VOIR** lorsque notre âme grelotte toute seule.

Ferenc Mora

214

Les vrais amis sont ceux qui mêlent leur confiance réciproque, **LEURS PENSÉES ET LEURS RÊVES**, leurs vertus comme leurs bonheurs et leurs souffrances, libres de se séparer toujours
et ne se séparant jamais.

Émile Bougaud

215

L'INSTINCT NOUS CHOISIT DES AMIS ; MAIS LE JUGEMENT NOUS LES CONSERVE.

Alfred Capus

216

Les vieux amis sont comme **LES VIEUX VINS** qui, en perdant de leur verdeur et de leur mordant, gagnent en chaleur suave.

Charles-Augustin Sainte-Beuve

217

L'intensité d'une amitié, ça vous fait une joie pour mille ans, **C'EST COMME UN AMOUR**, ça vous rentre par le nombril et vous inonde tout entier. Ça ne se mesure pas en mois.

Évelyne Pisier

218

L'on ne peut **ALLER LOIN DANS L'AMITIÉ**, si l'on n'est pas disposé à se pardonner les uns aux autres les petits défauts.

Jean de La Bruyère

219

Lorsque **LES HOMMES SONT AMIS**, la justice n'est point nécessaire, mais quand ils sont justes, ils ont encore besoin de l'amitié.

Aristote

220

L'IDÉAL DE L'AMITIÉ C'EST DE SE SENTIR UN ET DE RESTER DEUX.

Sophie Swetchine

221

Mes amis deviennent **DE PLUS EN PLUS RARES**. Il y en a qui meurent, et c'est à leur enterrement que j'ai le plaisir de voir les autres.

Paul Léautaud

222

Mon meilleur ami est celui qui **ÉVEILLE EN MOI** ce que j'ai de meilleur.

Henry Ford

223

Mouille tes lèvres, au moins une fois par jour, dans **LA COUPE DE L'AMITIÉ**.

Proverbe grec

224

Ne comptez pas beaucoup sur l'amitié des gens flegmatiques, ils ont si peu de sentiment qu'ils n'en ont guère que pour eux-mêmes. En fait d'amis, **LES GENS VIFS SONT CEUX QUI VALENT LE MIEUX**, parce qu'ils ont ordinairement le cœur bon.

Jean-Baptiste Blanchard

225

Ne dites jamais du mal de vous ; **VOS AMIS EN DIRONT TOUJOURS ASSEZ**.

Charles-Maurice de Talleyrand-Périgord

226

Ne donne pas à tes amis **LES CONSEILS LES PLUS AGRÉABLES**, mais les plus avantageux.

Solon

“

227

NOS VÉRITABLES AMIS SONT CEUX QUI NOUS CHOISISSENT.

Szczepan Yamenski

”

228

Ne te réjouis pas si l'amitié t'autorise à dire des paroles désagréables à tes amis proches. Plus **TU DEVIENS PROCHE DE QUELQU'UN**, plus le tact et la courtoisie sont nécessaires.

Oliver Wendell Holmes

229

NE PLEURONS PAS NOS AMIS, c'est une grâce que nous fait la mort de nous séparer d'eux avant que la vie ne les ait séparés de nous.

Robert de Montesquiou

230

Ne savez-vous pas que **L'AMITIÉ N'A POINT D'AUTRE MOISSON QUE L'AMITIÉ**, et que tout ce qu'elle sème, c'est seulement pour en recueillir le fruit ?

Honoré d'Urfé

231

Ne vous contentez pas de **MANIFESTER VOTRE AMITIÉ** par des paroles, mais que votre cœur brûle d'amour pour tous ceux que vous croisez sur votre route.

Bahá'u'lláh

232

N'EXPLIQUEZ JAMAIS RIEN – vos amis n'en ont pas besoin et, de toute façon, vos ennemis ne vous croiront pas.

Elbert Green Hubbard

233

Nous jouissons dans l'amitié de ce que l'amour a de plus doux, du plaisir de la confiance, du charme d'exposer son âme à son ami, de lire dans son cœur, de le voir à découvert, de **MONTRER SES PROPRES FAIBLESSES**, car dans la véritable amitié, il faut penser tout haut devant son ami.

Anne-Thérèse de Marguenat de Courcelles

234

NOUS ADORONS NOS AMIS NON PAS PARCE QU'ILS NOUS AMUSENT, MAIS PARCE QUE NOUS LES AMUSONS.

Evelyn Waugh

235

Nous perdons **TOUJOURS L'AMITIÉ** de ceux qui perdent notre estime.

Joseph Joubert

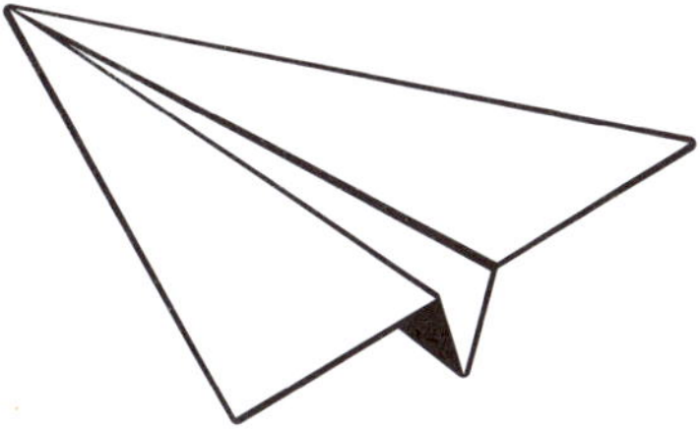

236

Nous n'avons pas tant **À NOUS SERVIR DES SERVICES** que nous rendent nos amis, que de l'assurance que nous avons de ces services.

Épicure

237

On juge d'un homme par **LE CHOIX DE SES AMIS**.

Anne-Thérèse de Marguenat de Courcelles

238

On ne doit point abuser de ses amis, ni **RIEN EXIGER D'EUX** au-delà de ce qu'ils accordent volontiers.

Baltasar Gracián y Morales

239

On ne manque jamais d'**AMIS À TABLE** ; on en trouve peu dans les moments difficiles de la vie.

Théognis de Mégare

240

On ne saurait **CONSERVER LONGTEMPS LES SENTIMENTS** qu'on doit avoir pour ses amis et pour ses bienfaiteurs, si on se laisse la liberté de parler souvent de leurs défauts.

François de La Rochefoucauld

241

On ne vend jamais ses meilleurs chameaux, **QUELQUEFOIS L'AMITIÉ LES DONNE**.

Proverbe persan

242

On peut **TOUJOURS COMPTER SUR L'AMITIÉ**, alors qu'il faut être sur ses gardes en amour.

Nicolas Hulot

243

On voit qu'un **AMI EST SÛR** quand notre situation ne l'est pas.

Cicéron

244

Orgueil moderne : j'ai perdu l'amitié d'**UN HOMME QUE J'ESTIMAIS**, pour m'être acharné à lui répéter que j'étais plus dégénéré que lui.

Emil Cioran

245

OÙ COMMENCE LA DÉFIANCE, LÀ FINIT L'AMITIÉ.

Proverbe français

246

Parfois, j'ai eu l'idée que l'amitié était un lien aussi fort que celui de la communauté des jumeaux. **UNE SIMILITUDE FRAPPANTE** des penchants, des sympathies, des goûts, de la culture générale et des passions lie deux êtres à un destin identique. En vain l'un entreprendra-t-il quoi que ce soit contre l'autre ; leur sort restera indissoluble.

Sándor Márai

247

Parle de tes amis absents à **CEUX QUI SONT PRÉSENTS**, afin de leur faire voir que tu ne les oublies pas eux-mêmes quand ils sont éloignés de toi.

Isocrate

248

Plus la passion de l'amour vieillit, plus elle est faible, mais **L'AMITIÉ DEVIENT PLUS FORTE** en vieillissant.

Jean-Baptiste Blanchard

249

POUR CONNAÎTRE LES AMIS, il est nécessaire de passer par le succès et le malheur. Dans le succès, nous vérifions la quantité et dans le malheur la qualité.

Confucius

250

Pour cultiver l'amitié entre **DEUX ÊTRES**, il faut parfois la patience de l'un des deux.

Proverbe indien

251

Pourquoi la plus douce amitié est-elle celle qui lie les personnes d'un sexe différent ? C'est que cette amitié est toujours, à notre insu, **PARFUMÉE D'UN PEU D'AMOUR**.

Auguste Guyard

252

Quand deux amis puisent dans une seule bourse, **L'UN CHANTE ET L'AUTRE PLEURE**.

Proverbe espagnol

253

Quand mes amis sont borgnes, **JE LES REGARDE DE PROFIL**.

Joseph Joubert

256

Quand tu donnes, tu perçois plus que tu ne donnes, car **TU N'ÉTAIS RIEN ET TU DEVIENS**.

Antoine de Saint-Exupéry

257

Quand une amitié est bafouée, rien ne peut la reconstituer. Tandis que les blessures d'amour – du désir, de la sexualité – peuvent se cicatriser, **CELLES DE L'AMITIÉ SONT ÉTERNELLES**, définitives.

Tahar Ben Jelloun

258

Que la douceur de **L'AMITIÉ SOIT FAITE DE RIRES** et de plaisirs partagés.

Khalil Gibran

259

Quelque grande que soit l'amitié, ne lui fais jamais confidence de tes défauts ; **CACHE-LES MÊME À TOI-MÊME**, si cela se peut. Du moins, on pourra se servir de cette autre règle de vie, qui est de savoir oublier.

Baltasar Gracián y Morales

260

Qui compte **DIX AMIS** n'en a pas un.

Chrétien-Guillaume de Lamoignon de Malesherbes

261

Qui compte les fautes de son ami en **SERA ABANDONNÉ**.

Proverbe arabe

262

QUI N'A PAS LES FAIBLESSES DE L'AMITIÉ N'EN A PAS LES FORCES.

Joseph Joubert

263

Qui néglige **LES MARQUES DE L'AMITIÉ**, finit par en perdre le sentiment.

William Shakespeare

264

Qu'un ami véritable est une **DOUCE CHOSE** ! Il cherche vos besoins au fond de votre cœur ; Il vous épargne la pudeur de les lui découvrir vous-même.

Jean de La Fontaine

265

Recevoir sans donner fait **TOURNER L'AMITIÉ**.

Proverbe français

266

Répands tes bienfaits sur tes amis, pour qu'ils t'**AIMENT PLUS TENDREMENT ENCORE** : répands-les sur tes ennemis, pour qu'ils deviennent enfin tes amis.

Cléobule de Lindos

267

Rien ne remplace la chaleur d'une bande d'amis. Rien, ni le travail, ni l'argent, ni la vie familiale. Rien ne remplace ces moments où des amis se retrouvent, partagent leurs idées, leurs rêves, leurs repas ! **MOI, EN TOUT CAS, J'EN AI BESOIN**. Je suis peut-être un nostalgique incurable, un adolescent dans l'âme qui n'a jamais accepté le monde des adultes, mais je suis ainsi.

Amin Maalouf

268

SEULS VOS VRAIS AMIS VOUS FERONT SAVOIR QUE VOUS AVEZ LE VISAGE SALE.

Proverbe sicilien

269

Si **MES AMIS SONT HEUREUX**,
je serai moins misérable.
Voltaire

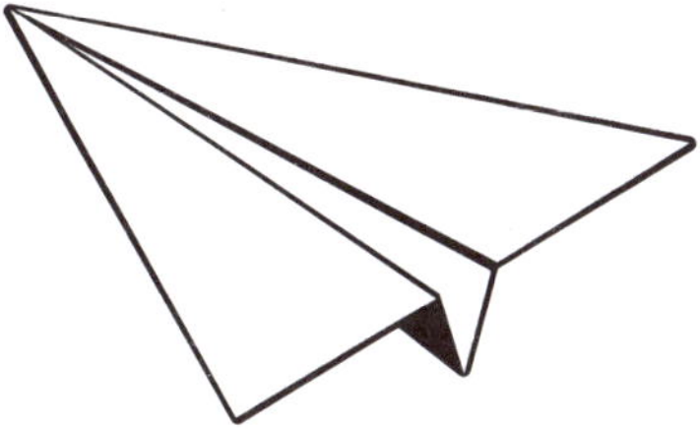

270

Soyez **FIDÈLE EN AMITIÉ**,
vos amis le seront aussi.

Proverbe latin

271

Si l'amitié doit ressembler à quelque chose, je suis sûre que c'est à cela. **UNE LIGNE DE FORCE QUI VOUS RELIE** et vous aide à tenir debout. Un sentiment proche de l'amour mais qui a l'avantage de se vivre sans la peur permanente de perdre l'autre.

Sylvaine Jaoui

272

Si nous voulons construire **UNE AMITIÉ DURABLE**, nous devons aimer nos amis pour eux et non pour nous.

Charlotte Brontë

273

Si on me presse de dire pourquoi je l'aimais, je sens que cela ne se peut s'exprimer qu'en répondant : « **PARCE QUE C'ÉTAIT LUI, PARCE QUE C'ÉTAIT MOI**. »

Michel de Montaigne

274

Si tu te fais de nouveaux amis, **N'OUBLIE PAS LES ANCIENS**.

Érasme

275

Si un de vos amis a des ennuis, ne lui demandez pas si vous pouvez faire quelque chose. **RÉFLÉCHISSEZ À CE QUE VOUS POUVEZ FAIRE ET FAITES-LE**.

Edgar Watson Howe

“

276

LA DISTANCE QUI MÈNE À L’AMITIÉ N’EST JAMAIS TROP GRANDE.

Proverbe africain

”

277

Si un jour une de vos amies vous dit : « Veux-tu que je te parle franchement ? » répondez-lui : « **NON ! NON ! NON !** Continue à me parler comme avant. »

Fernand Raynaud

278

Si vous **TRAITEZ VOS AMIS COMME VOUS-MÊME**, celui qui est loin devient proche et le faible fort, le malheureux goûte le bonheur et le malade recouvre la santé.

Matteo Ricci

279

Celui qui met des restrictions à l'amitié **NE LA CONNAÎT PAS.**

Proverbe français

280

Deux corps qui se touchent sont moins unis que deux âmes sympathiques qui sont à cent lieues l'une de l'autre. Qu'est-ce que l'espace, **QU'EST-CE QUE LE TEMPS**, pour ce qui n'a rien du temps ni de l'espace ?

Alfred Auguste Pilavoine

281

Tout comme l'immortalité de l'âme, **L'AMITIÉ EST TROP BELLE** pour y croire.

Ralph Waldo Emerson

282

Tout ce que nos amis peuvent faire pour nous convaincre de **LA SINCÉRITÉ DE LEUR AMITIÉ** n'est rien, si nous ne les aimons nous-mêmes d'une amitié sincère.

Edme de La Taille de Gaubertin

283

TOUTES LES CHOSES doivent être communes aux amis.

Cicéron

284

Tromper une amitié **C'EST AUSSI PIRE** que de tromper une liaison.

Michel Tremblay

285

UN AMI EST CELUI QUI VOUS LAISSE L'ENTIÈRE LIBERTÉ D'ÊTRE VOUS-MÊME.

Jim Morrison

286

UN FRÈRE PEUT NE PAS ÊTRE UN AMI, MAIS UN AMI SERA TOUJOURS UN FRÈRE.

Benjamin Franklin

287

Un caractère liant et facile, une conversation douce sont **LES PREMIERS ASSAISONNEMENTS DE L'AMITIÉ**. L'humeur triste et sévère a bien quelque gravité, mais l'amitié veut plus d'aisance et de liberté, de douceur et d'indulgence.

Cicéron

288

Entre égaux seulement **L'AMITIÉ SYMPATHISE**, et ceux qui ne le sont pas, l'amitié les égalise.

Publilius Syrus

289

Trois sortes d'amis sont utiles, trois sortes d'amis sont néfastes. **LES UTILES** : un ami droit, un ami fidèle, un ami cultivé. Les néfastes : un ami faux, un ami mou, un ami bavard.

Confucius

290

Un ami nous comprend **AU-DELÀ DES APPARENCES**. Il nous rend justice en toute occasion. Il nous aide à aller, au risque de se perdre, où notre destin nous appelle.

Francesco Alberoni

291

Un ami, c'est quelqu'un **SUR QUI VOUS POUVEZ COMPTER** pour compter sur vous.

Jean Paulhan

292

Un ami, **C'EST CELUI QUI DEVINE TOUJOURS** quand on a besoin de lui.

Jules Renard

293

Un ami, c'est **QUELQU'UN QUI SAIT TOUT DE TOI**, et qui t'aime quand même.

Kin Hubbard

294

UNE AMITIÉ QUI DURE ET NE VIEILLIT PAS C'EST QUELQUE CHOSE D'EXTRAORDINAIRE.

Émilie Carles

295

Vieille amitié **NE CRAINT PAS LA ROUILLE**.

Proverbe français

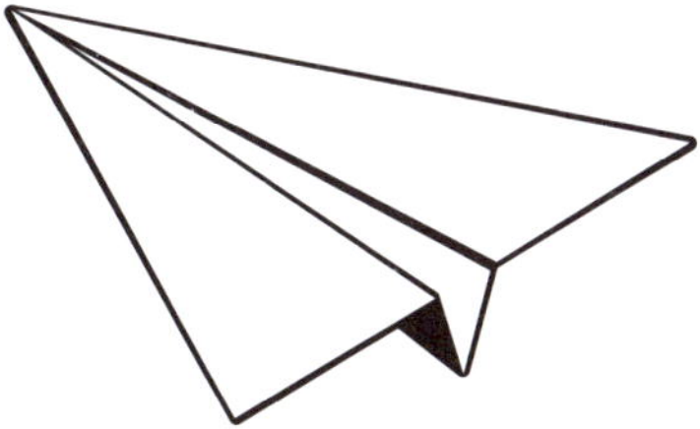

296

Une amitié véritable, c'est celle qui repose avant tout sur la communion aux mêmes principes et **À LA POURSUITE D'UN MÊME IDÉAL**.

Gustave Le Bon

297

Vous pouvez vous faire plus d'amis en deux mois en **VOUS INTÉRESSANT DAVANTAGE AUX GENS** que d'essayer que les autres s'intéressent à vous en deux ans.

Dale Carnegie

298

VOULOIR LE BIEN, QUE CE SOIT DANS L'AMITIÉ OU DANS L'AMOUR, EST ENCORE LA PREMIÈRE VÉRITÉ DU CŒUR.

Eugène Cloutier

299

Un véritable ami est **LE PLUS GRAND DE TOUS LES BIENS** et celui de tous qu'on songe le moins à acquérir.

François de La Rochefoucauld

300

VOUS RECONNAISSEZ VOS AMIS À CE QU'ILS NE VOUS EMPÊCHENT PAS D'ÊTRE SEUL, À CE QU'ILS ÉCLAIRENT VOTRE SOLITUDE SANS L'INTERROMPRE.

Christian Bobin

www.papier-cadeau.fr

Direction : Jérôme Layrolles
Responsable éditoriale : Fanny Delahaye,
assistée de Morgane Carmona
Relecture-correction : Mireille Touret
Direction artistique : Charles Ameline
Fabrication : Amélie Latsch
Mise en pages et photogravure : Nord Compo
Partenariats et ventes directes :
Ebru Kececi (ekececi@hachette-livre.fr)
Relations presse : epa@hachette-livre.fr

Édité par Papier Cadeau
(58, rue Jean Bleuzen 92178 Vanves Cedex)
Achevé d'imprimer en janvier 2019 en Espagne chez Unigraf
Dépôt légal : février 2019
ISBN : 978-2-37964-060-5
17-8556-0/01